오직 사랑이신
바보 하느님

공지영의 성경공책 1

오직 사랑이신
바보 하느님

공지영 마리아 엮음

1판 1쇄 발행 | 2017. 3. 10

발행처 | **Human & Books**
발행인 | 하응백
출판등록 | 2002년 6월 5일 제2002-113호
서울특별시 종로구 삼일대로 457 1009호(경운동, 수운회관)
기획 홍보부 | 02-6327-3535, 편집부 | 02-6327-3537, 팩시밀리 | 02-6327-5353
이메일 | hbooks@empas.com

값은 뒤표지에 있습니다.
ISBN 978-89-6078-446-8 03230

공지영의 성경공책 1

오직 사랑이신
바보 하느님

공지영 마리아 엮음

Human & Books

차례

하느님 예뻐요

회심한지 얼마 안 되는 어느 날 한 신부님께서 내게 물으셨다.

"그래 마리아씨 이제 신앙심이 좀 깊어지셨나요?"

우리는 나란히 길을 걷는 중이었는데 나는 무심히 대답했다. "신부님, 신앙심이 깊은지 어떤지는 정말 잘 모르겠어요. 다만 전 하느님하고 아주 친해요."

훗날 신부님은 이 말을 들을 때 다리가 휘청했다고 말씀하셨다.

기적에 기적을 더하여 오늘 여기 이 땅에 살고 있는 내 인생에서 그 인생을 다시 통틀어 가장 큰 기적이 무엇이냐고 물으면 아마도 어린 시절 내가 하느님의 교회에 불려간 일이고 그보다 더한 기적은 18년 동안 하느님을 떠나 있던 나를 그분께서 다시 부르신 일일 것이다. 이보다 더한 기적이 있을까. 장담컨대 해와 달이 빛을 잃었다가 다시 찾기를 한나절 동안 열 번을 반복하게 하는 이가 있다 해도 이보다 더 큰 기적을 내가 어찌 찾을 수 있을까?

이 책의 원고를 마감한 날, 12년 동안 타던 자동차가 홀연히 멎었다. 급히 견인을 해서 정비소로 가져 가니, 완벽하게 사망했다는 선고를 받았다. 분명 36시간 전까지 즐겁게 탔고 작은 고장의 기미조차 보이지 않았던 차였기에 나의 충격은 좀 컸다. 차를 폐차시키러 보내면서 나는 어쩔 수 없이 나의 죽음에 대해 생각했다. 사람들에게 이 차는 앞으로 십년은 더 탈 수 있을 거라 큰소리쳤던 나의 목소리도 귀에 웅웅거렸다.

이즈음 사람들이 묻는다. 무슨 좋은 일 있어요? 얼굴이 참 좋네 하면서. 그러면 나는 빙그레 웃고 만다. 그리고 맘속으로 생각한다. "제게는 나쁜 일이 일어나지 않아요. 왜냐하면 어차피 나중에 하느님께서 더 큰 선으로 바꾸어 놓으시려고 하시는 일일 테니까요."

이 겨울 막내는 대학 입시에 실패하고 누군가 나를 고소한 사건은 검찰청에 아직도 머물러 있다. 나는 언제든 피의자 신분으로 그들이 부르면 가야한다. 이 즈음 통장의 잔고는 형편없이 줄고 써야할 원고는 시작도 못하고 있다. 고지서는 줄줄이 돈을 달라고 날마다 소리 없이 나의 목을 조른다.

그런데 나는 아침에 창을 열고 오늘도 떠오르는 태양을 맞으며 큰 소리로 외쳤다.

"하느님 완전 예뻐요. 이렇게 눈부신 나날과 그것을 볼 수 있는 눈과 이 나라에 어쨌든 평화를 주신 걸 감사드립니다. 이 감사를 알게 해주셔서 감사합니다. 하느님 감히 말씀드리는데 참 행복합니다."

그리고 책상 앞에 핀으로 붙여둔 글귀를 읽는다. 이 글의 저자는 에티 힐레숨, 그녀는 아우슈비츠수용소에서 29살의 나이로 생을 마감한 철학자다.

"그래도 기뻐하며 살아갈 장소는
충분히 남아있습니다.
수용소 모퉁이에서 당신의 대지를 밟고
당신의 하늘을 올려다볼 때
나는 깊은 정과 감사로 눈물이 흘러내립니다.
나를 평화로운 책상에서 끌어내어
이 시대의 근심과 고통 한가운데 있게
해주심을 진심으로 감사드립니다.
삶을 받아들이고 내 안의 평화가
더욱 커질수록, 어수선한 세상에도
평화는 더 많이 존재할 것입니다."

이 글을 쓰는 동안 내내 우리 어머니를 생각했다. 이 책이 나왔을 때 잘 보이시지 않는 눈으로 성경을 한자 한자 받아쓰실 8순의 내 어머니 말이다. 어린 시절부터 천주교에 입문했고 아버지와 결혼하면서 가톨릭을 떠났으나 기적과도 같이 60년 만에 다시 하느님께 돌아와 (아버지까지 다 데리고) 마치 그 60년이 아무것도 아니라는 듯 어린 시절의 신앙을 고스란히 찾으신 내 어머니…. 그리고 가장 하느님을 닮은 세상의 모든 어머니들께 이 책을 바친다. 세 아이의 엄마인 나에게도.

2017년 사순의 초입에
공지영 마리아

1. 유딧이 나서다

모든 것이 그러하더라도 주 우리 하느님께 감사를 드립시다. 그분께서는 우리 조상들에게 하신 것처럼 지금 우리도 시험하고 계십니다.

하느님께서 아브라함에게 어떻게 하셨는지, 이사악을 어떻게 시험하셨는지, 그리고 야곱이 시리아의 메소포타미아에서 외숙 라반의 양 떼를 칠 때에 무슨 일이 일어났는지 생각해 보십시오.

그들의 마음을 시험하시려고 그들에게 불 같은 시련을 주신 것입니다. 그분께서는 우리에게도 그냥 보복을 하지 않으십니다. 주님께서는 당신께 가까운 이들을 깨우쳐 주시려고 채찍질하시는 것입니다.

유딧 8:25-27

공지영의 생각

아마도 요즘 내가 이 시련들을 통하여 요구받는 것은 '버림'인 듯하다.

제일 마지막으로 우리가 시험받는 것이 생명에의 집착이라면 그만큼 큰 것이 아마도 명예 같은 것, 사람들의 칭송 같은 것, 세속의 명성 같은 것, 인정욕구 같은 것….

주님은 나를 얼마나 사랑하시기에 이렇게 혹독한 훈련을 시키시나. 어떻게 하면 십자가의 성 요한과도 같이 예수님께서 친히 오셔서 무엇을 주랴, 물으시면 "멸시와 모욕이오!" 하고 말할 수 있어지겠나. 지금도 요한의 그 대답을 생각하면 내 입술은 경련을 일으키며 떨리는데….

이 아침 성무일도와 제1독서를 읽으며 눈물을 쏟는다.

오늘은 에스프레소 잔만큼이었다.

2. 경험의 증언

… 하느님을 부르면 그분께서 응답해 주시곤 하였지. 그렇듯 의롭고 흠 없던 내가 이제는 웃음거리가 되었구려.

편안한 자의 생각에는 고통에 수치가 따르는 것이 타당하겠지. 발이 비틀거리는 자들에게 예정된 수치 말일세.

폭력배들의 천막은 평안하고 하느님을 노하시게 하는 자들은 태평이라네. 하느님을 제 손에 들고 다니는 자들 말일세.

그분께서 부수시면 아무도 세우지 못하고 그분께서 가두시면 아무도 풀려나지 못한다네.

그분께서 물을 막으시면 메말라 버리고 내보내시면 땅을 뒤집어 버린다네.

오직 그분께만 권력과 성취가 있고 헤매는 자와 헤매게 하는 자도 그분께 속한다네.

그분은 자문관들을 맨발로 끌어가시고 판관들을 바보로 만드시는 분.

임금들의 띠를 푸시고 그 허리를 포승으로 묶으시는 분.

사제들을 맨발로 끌어가시고 권세가들을 넘어뜨리시는 분.

신뢰받는 이들에게서 언변을 앗아 버리시고 노인들에게서 판단력을 거두어 버리시는 분.

귀족들에게 수치를 쏟아 부으시고 힘센 자들의 허리띠를 풀어 버리시는 분.

어둠에서부터 은밀한 것을 드러내시고 암흑을 빛 속으로 끌어내시는 분.

민족들을 흥하게도 망하게도 하시며 민족들을 뻗어 나가게도 흩어지게도 하시는 분.

나라 백성의 수령들에게서 지각을 앗아 버리시고 그들을 길 없는 광야에서 헤매게 하시는 분.

그래서 그들은 빛 없는 어둠 속에서 더듬거리고 그분께서는 그들을 술 취한 자같이 헤매게 하신다네.

욥 12:4-6, 14-25

욥 12:4-6, 14-25

공지영의 생각

한때 인생이 막다른 길에 이르렀다고 느꼈을 때 욥기를 읽으며 엄청난 눈물을 쏟았었다.
욥기를 두고 훌륭하신 분들은 '고통의 불가해성'에 대한 서술이라고 한다.
고통은 우리가 생각하는 것처럼 죄의 대가(代價)가 아니라는 것이다.
욥은 누구도 겨룰 수 없는 의인이 아니었던가.
그런 욥이 이토록 고통을 당한다면 죄인인 나는…, 하는 생각으로 겨우 버틸 수 있었던
시절이 있었다.
누군가는 또 말했다. 만일 고통이 죄의 대가라면, 고통 중에 있는 이들에게 우리는 결
코 자비를 베풀 수 없을 거라고. 이 죄의 불가해성, 이 죄의 신비 때문에 우리는 강도를
만난 이웃을 돌보는 사마리아인이 되는 영광을 누릴 수도 있는 것이리라. 그리고 아주
훗날 더 생각해 보니 욥은 그리스도 예수의 원형이었던 것도 같다.

3. 제 기도에 귀기울이소서

하느님, 제 기도에 귀 기울이소서.
저의 간청을 외면하지 마소서.
제게 주의를 기울이시어 응답해 주소서.
제가 절망 속에 헤매며 신음하니
원수의 고함 소리 때문이며
악인의 억압 때문입니다.
그들이 저에게 환난을 들씌우며
저를 모질게 공격합니다.
제 마음이 속에서 뒤틀리고
죽음의 공포가 제 위로 떨어집니다.
두려움과 떨림이 저를 덮치고
전율이 저를 휘감습니다.
제가 생각합니다.
'아, 내가 비둘기처럼 날개를 지녔다면
날아가 쉬련마는.
정녕 멀리 달아나
광야에 머물련마는. 셀라
폭풍의 세찬 바람 피하여
은신처로 서둘러 가련마는.'

주님, 엉클어 버리소서.

그들의 말을 갈라 버리소서.

성안의 폭력과 분쟁을

제가 봅니다.

그들은 낮이고 밤이고

성벽 위를 돌고 있습니다.

그 안에 환난과 재앙이,

그 안에 파멸이 있으며

억압과 사기가

그 광장을 떠나지 않습니다.

원수가 저를 모욕한 것이 아닙니다.

그랬다면 제가 참았을 것입니다.

저를 미워하는 자가 제 위에서 거드름을 피운 것이 아닙니다.

그랬다면 제가 그를 피해 숨었을 것입니다.

그러나 그것은 너, 내 동배

내 벗이며 내 동무인 너.

정답게 어울리던 우리

하느님의 집에서

떠들썩한 군중 속을 함께 거닐던 우리.

시편 55:2-15

공지영의 생각

나를 가장 상처 주는 자는 내가 가장 사랑했던 사람, 나를 가장 아프게 하는 자는 내가 가장 믿었던 사람이다. 사랑을 통과하지 않은 고통은 참을 만하다. 그러나 사랑이 변질된 미움은 우리를 가장 큰 시험에 들게 한다.

이 시편을 읽으며 수많은 배신에 많이 위로받았다.

너였도다. 내 동무. 주님의 집을 함께 거닐던 너! 라니.

참으로 간사하게도 이런 일을 당하는 이가 나만이 아니라는 사실이 약간은 고통을 완화시켜 준다. 참으로 약한 인간들이기에….

4. 당신께서는 저희를 버리셨습니다

그러나 당신께서는 저희를 버리셨습니다. 저희를 치욕으로 덮으시고
저희 군대와 함께 출전하지 않으셨습니다.
당신께서 저희를 적 앞에서 물러나게 하시어
저희를 미워하는 자들이 노략질하였습니다.
당신께서 저희를 잡아먹힐 양들처럼 넘겨 버리시고
저희를 민족들 사이에 흩으셨습니다.
당신께서 당신 백성을 헐값에 파시어
그 값으로 이익을 남기지도 않으셨습니다.
당신께서 저희를 이웃들에게 우셋거리로,
주위 사람들에게 비웃음과 놀림거리로 내놓으셨습니다.

그런데도 당신께서는 저희를 부수시어 승냥이들이나 사는 곳으로 만드시고
저희 위를 암흑으로 덮으셨습니다.
저희가 만일 저희 하느님의 이름을 잊고
낯선 신에게 저희 손을 펼쳤다면
하느님께서는 마음속에 숨겨진 것도 아시는데

그런 것을 알아채지 못하실 리 있겠습니까?
그러나 저희는 온종일 당신 때문에 살해되며

시편 44:10-14, 20-27

도살될 양처럼 여겨집니다.

깨어나소서, 주님, 어찌하여 주무십니까?

잠을 깨소서, 저희를 영영 버리지 마소서!

어찌하여 당신 얼굴을 감추십니까?

어찌하여 저희의 가련함과 핍박을 잊으십니까?

정녕 저희 영혼은 먼지 속에 쓰러져 있으며

저희 배는 땅바닥에 붙어 있습니다.

저희를 도우러 일어나소서.

당신 자애를 생각하시어 저희를 구원하소서.

시편 44:10-14, 20-27

공지영의 생각

'하느님이 계시다면 어떻게 이런 일이…'라는 생각을 해보지 않은 사람이 있을까.
나는 많이 했다. 나는 십자가에 대고 삿대질도 했고 가끔은 술에 취해 하느님께 주정도
했다.
"저희를 미워하는 자들이 우리를 노략질하게 놔두시는 하느님.
우리를 헐값에 파시고 이익도 못 취하시는 바보 하느님."
그러나 그러다가 깨어나 문득 생각하곤 했다. 어버이 된 자로서 나는 아노니
자식을 한번 '내버려 둬 놓고' 찢어지던 마음을.
프랑수아 바리용 신부님의 저서 『오직 사랑이신 하느님』을 빌리지 않더라도 "끝없이 배
신하는 우리 때문에 사랑의 상처를 입으시는, 사랑의 원형이신 하느님"을 생각하면 미움
과 원망 와중에도 속에서 무언가가 울컥했다.

나는 시편들을 아침마다 읽으며 이들의 정직함에 탄복하곤 했다.
그리고는 최대한 정직하게 하느님께 내 마음을 드러내고자 노력하고 있다. 입에 발린
말이 아니라 나의 오장 육부를 뒤집어 뱉어내는 말들 말이다.
나는 하느님과 의례적인 관계 같은 것을 맺을 시간도, 필요도 없다. 내가 원하는 것은
그분과의 단순하고 친한 관계, 가장 내밀하고 깊숙한 관계…, 그런 것을 나누는 사랑이
니까.

5. 예루살렘에 대한 주님의 사랑

… 내가 맹세한다.

산들이 밀려나고 언덕들이 흔들린다 하여도 나의 자애는 너에게서 밀려나지 않고 내 평화의 계약은 흔들리지 아니하리라. 너를 가엾이 여기시는 주님께서 말씀하신다.

이사야 54:9-10

공지영의 생각

아이들에게 성경 전체를 통틀어 한 구절만 뽑아 액자를 만들어라 한다면 내게는 단연 이 구절이다. 수많이 흔들리고 밀려나던 날들에 나는 이 말씀을 붙들고 살았다. 나를 가엾이 여기시는 주님 바짓가랑이를 꼭 붙든 채로.

©공지영

6. 에스테르의 기도

그리고 나서 이스라엘의 주님께 이렇게 기도드렸다.

"저의 주님, 저희의 임금님

당신은 유일한 분이십니다.

외로운 저를 도와주소서.

당신 말고는 도와줄 이가 없는데

이 몸은 위험에 닥쳐 있습니다.

저는 날 때부터 저의 가문에서 들었습니다.

주님, 당신께서

모든 민족들 가운데에서 이스라엘을

모든 조상들 가운데에서 저희 선조들을

영원한 재산으로 받아들이시고

약속하신 바를 채워 주셨음을 들었습니다.

그러나 이제, 저희는 당신 앞에 죄를 지었고

당신께서는 저희를 원수들의 손에 넘기셨습니다.

저희가 그들의 신들을 숭배하였기 때문입니다.

주님, 당신께서는 의로우십니다.

그러나 이제 그들은 저희의 쓰라린 종살이로 만족하지 않고

자기네 신상들과 손을 맞잡았습니다.

이는 당신 입에서 나온 규정을 폐기하고

당신 재산을 없애 버리며

당신을 찬미하는 이들의 입을 틀어막고

당신 집의 영광과 당신 제단을 치워 버리려는 것이며

다른 민족들이 입을 열어 헛된 우상들을 찬양하고

살덩어리뿐인 임금을 영원히 찬탄하게 하려는 것입니다.

주님, 당신의 왕홀을

존재하지도 않는 자들에게 넘기지 마소서.

저희의 몰락을 그들이 비웃지 못하게 하시고

오히려 그들의 흉계를 그들 자신에게로 되씌우시어

저희를 거슬러 이 일을 시작한 자를 그 본보기로 삼으소서.

기억하소서, 주님,

저희 고난의 때에 당신 자신을 알리소서.

저에게 용기를 주소서,

신들의 임금님, 모든 권세의 지배자시여!

사자 앞에 나설 때

잘 조화된 말을 제 입에 담아 주시고

그의 마음을

저희에게 대적하는 자에 대한 미움으로 바꾸시어

그 적대자와 동조자들이 끝장나게 하소서.

당신 손으로 저희를 구하시고

주님, 당신밖에 없는

외로운 저를 도우소서.

당신께서는 모든 것을 알고 계시며

제가 무법자들의 영광과

할례 받지 않은 자들과 모든 이민족들의

잠자리를 경멸함을 알고 계십니다.

당신께서는 저의 곤경을 아십니다.

제가 공식 석상에 나가는 날 머리에 쓰는

제 위엄의 상징을 경멸함을 아십니다.

저는 그것을 개짐처럼 경멸하여

쉬는 날에는 쓰지도 않습니다.

당신의 여종은 하만의 식탁에서 함께 먹지 않았고

임금의 연회를 영예롭게 하지도 않았으며

신들에게 바친 술을 마시지도 않았습니다.

또한 당신의 여종은 여기로 옮기고 나서부터 지금까지

당신이 아니고서는 기뻐한 적이 없습니다.

주 아브라함의 하느님!

만물 위에 권능을 떨치시는 하느님

절망에 빠진 이들의 소리를 귀여겨들으시어

악인들의 손에서 저희를 구하소서.

또한 이 두려움에서 저를 구하소서.”

에스테르 4:17(14)-17(30)

공지영의 생각

이렇게 기도할 수 있다면 좋겠다.
이렇게 구체적으로, 이렇게 조근조근, 이렇게 심장을 저미게…. 그리고 마지막에 덧붙일
수 있으면 좋겠다.
"또한 당신의 여종은 여기로 옮기고 나서부터 지금까지 당신이 아니고서는 기뻐한 적이
없습니다." 하고.

7. 알몸으로 그리 돌아가리라

그런데 스바인들이 들이닥쳐 그것들을 약탈하고 머슴들을 칼로 쳐 죽였습니다. 저 혼자만 살아남아 이렇게 소식을 전해 드립니다."

그가 말을 채 마치기도 전에 다른 이가 와서 아뢰었다.

"하느님의 불이 하늘에서 떨어져 양 떼와 머슴들을 불살라 버렸습니다. 저 혼자만 살아남아 이렇게 소식을 전해 드립니다."

그가 말을 채 마치기도 전에 또 다른 이가 와서 아뢰었다.

"칼데아인들이 세 무리를 지어 낙타들을 덮쳐 약탈하고 머슴들을 칼로 쳐 죽였습니다. 저 혼자만 살아남아 이렇게 소식을 전해 드립니다."

그가 말을 채 마치기도 전에 또 다른 이가 와서 아뢰었다.

"나리의 아드님들과 따님들이 큰아드님 댁에서 먹고 마시고 있었습니다. 그런데 사막 건너편에서 큰 바람이 불어와 그 집 네 모서리를 치자, 자제분들 위로 집이 무너져 내려 모두 죽었습니다. 저 혼자만 살아남아 이렇게 소식을 전해 드립니다."

그러자 욥이 일어나 겉옷을 찢고 머리를 깎았다. 그리고 땅에 엎드려 말하였다.

"알몸으로 어머니 배에서 나온 이 몸 알몸으로 그리 돌아가리라. 주님께서 주셨다가 주님께서 가져가시니 주님의 이름은 찬미받으소서."

이 모든 일을 당하고도 욥은 죄를 짓지 않고 하느님께 부당한 행동을 하지 않았다.

욥 1:15-22

공지영의 생각

처음 신앙을 가졌을 때 어떤 글에서 읽은 일화가 있었다.

공동묘지에 갔던 필자는 어느 다섯 살 난 아이의 무덤을 보게 되었다. 아이는 다섯 살에 죽어 아직 묻힌 지 얼마 되지도 않았던 모양인지 거기에는 아이가 좋아하던 테디베어 장난감과 인형 등이 놓여 있었다. 그는 문득 숙연해져서 거기 선 채로 무덤의 묘비명을 읽었다. 거기에는 이런 말이 써 있었다.
"하느님께서 주셨다가 하느님께서 도로 데려가시니 저희는 그저 감사할 뿐. 그 아이를 우리에게 보내시어 다섯 해 동안 우리에게 기쁨을 주심을 감사하며."

그때 나는 책을 읽다 말고 가느다란 비명을 질렀던 거 같다.
어떻게 이럴 수 있을까…. 정말 이럴 수 있을까, 신앙을 가지면 이렇게 '곱게 미칠 수 있는 걸까 하고.
요즘 나는 아주 작게, 이 구절들을 연습한다. 몹시 힘이 드나 아직 죽을 만큼은 아닌 시련이 닥쳤을 때, 터무니없는 말로 모함을 당하고 모욕을 당할 때…. 그럴 때, 욥만큼은 아니지만, 그 다섯 살 난 아이의 식구들처럼 신앙심이 깊은 것은 아니지만, 그래도 흉내라도 내본다.
아아, 흉내라도 낼 수 있는 사람과 글귀를 주신 하느님 찬미받으소서.

8. 의로운 사연을 들어보소서

주님, 의로운 사연을 들어 보소서.
제 부르짖음을 귀여겨들으소서.
거짓 없는 입술로 드리는
제 기도에 귀 기울여 주소서.
당신 앞에서 저에게 승소 판결이 내려지게 하소서.
당신 눈으로 올바른 것을 보아 주소서.
당신께서 제 마음을 시험하시고 밤중에도 캐어 보시며
저를 달구어 보셔도 부정을 찾지 못하시리이다.
저의 입은
사람들이 하는 것처럼 하지 않고
저는 당신 입술에서 나온 말씀에 주의를 기울였습니다.
계명의 길을
저는 꿋꿋이 걷고
당신 길에서 제 발걸음 비틀거리지 않았습니다.
하느님, 당신께서 제게 응답해 주시겠기에
제가 당신께 부르짖습니다.
당신의 귀를 기울이시어 제 말씀을 들어 주소서.
당신 자애의 기적을 베푸소서.
당신 오른쪽으로 피신하는 이들을

적에게서 구해 주시는 분이시여!

당신 눈동자처럼 저를 보호하소서.

당신 날개 그늘에 저를 숨겨 주소서,

저를 억누르는 악인들에게서

저를 미친 듯 에워싼 원수들에게서.

그들의 마음은 비계로 닫혀 있고

그들의 입은 오만을 내뿜습니다.

그들은 이제 달려들어 저를 둘러싸고서

땅바닥에 넘어뜨리려 노려봅니다.

그 모습 사자처럼 약탈하려 노립니다.

으슥한 곳에 도사린 힘센 사자 같습니다.

주님, 일어나소서. 다가가 그를 내던지소서.

악인에게서 제 영혼을 당신 칼로 구해 주소서.

주님, 당신의 손으로 저 사내들에게서,

세상살이를 제 몫으로 삼는 사내들에게서 저를 구해 주소서.

당신께서 숨겨 놓으신 벌로 그들의 배를 채우시어

아들들도 배불리고

나머지는 자기네 어린것들에게 물려주게 하소서.

저는 의로움으로 당신 얼굴을 뵙고

깨어날 때 당신 모습으로 흡족하리이다.

시편 17:1-15

공지영의 생각

"당신 눈동자처럼 저를 보호해 주소서."란 말에 한참을 멍해졌다.
얼마나 사랑받는지 알면 이런 기도를 할 수 있을까?
나는 그가 많이 부러웠다.

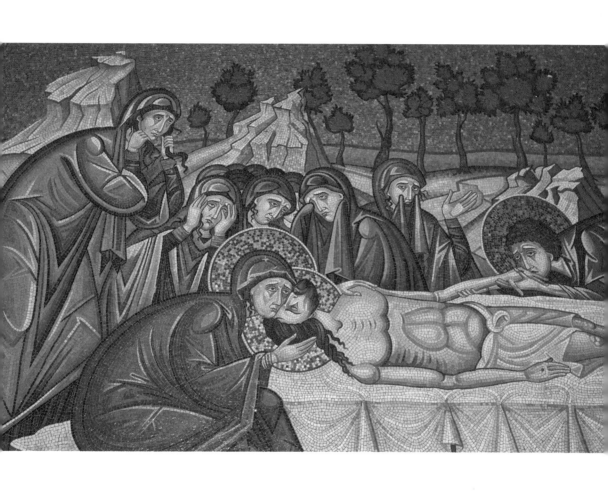

9. 고난과 희망과 영광

피조물이 허무의 지배 아래 든 것은 자의가 아니라 그렇게 하신 분의 뜻이었습니다. 그러나 그것은 희망을 간직하고 있습니다.

우리는 모든 피조물이 지금까지 다 함께 탄식하며 진통을 겪고 있음을 알고 있습니다.
그러나 피조물만이 아니라 성령을 첫 선물로 받은 우리 자신도 하느님의 자녀가 되기를, 우리의 몸이 속량되기를 기다리며 속으로 탄식하고 있습니다.

로마 8:20, 22-23

로마 8:20, 22-23

공지영의 생각

벌써 14년째 다니는 구치소 봉사에서 가끔 인편을 통해 책에 사인 받기를 원하는 사람
들이 있다. 그때 나는 꼭 이 구절을 써 준다. ○○서 몇 장 몇 절을 기억하고 있는 유일
한 구절!
제구실을 못하는 데 희망이 있다니!!!
이토록 멋진 말씀이 또 있을까.

10. 내 혀로 죄짓지 않도록

나는 말하였네. "내 혀로 죄짓지 않도록
나는 내 길을 지키리라.
악인이 내 앞에 있는 동안
내 입에 재갈을 물리리라."
나는 행복에서 멀리 떨어진 채
벙어리 되어 말없이 잠자코 있었네.
그러나 내 아픔이 솟구쳐 오르고
내 마음이 속에서 달아오르며
탄식으로 울화가 치밀어
내 혀로 말하였네.
"주님, 제 끝을 알려 주소서.
제가 살 날이 얼마인지 알려 주소서.
그러면 저 자신이 얼마나 덧없는지 알게 되리이다.
보소서, 당신께서는 제가 살 날들을 몇 뼘 길이로 정하시어
제 수명 당신 앞에서는 없는 것과 같습니다.
사람은 모두 한낱 입김으로 서 있을 뿐. 셀라
인간은 한낱 그림자로 지나가는데
부질없이 소란만 피우며 쌓아 둡니다.
누가 그것들을 거두어 갈지 알지도 못한 채.

그러나 이제 주님, 제가 무엇을 바라겠습니까?

저의 희망은 오직 당신께 있습니다.

저의 모든 죄악에서 저를 구하여 주소서.

미련한 자의 놀림감으로 저를 내주지 마소서.

당신께서 하신 일이기에

저는 벙어리 되어 제 입을 열지 않습니다.

당신의 재앙을 제게서 거두소서.

당신 손이 내리치시니 저는 시들어 갑니다.

당신께서는 죗값으로 인간을 벌하시어

좀벌레처럼 그의 보배를 사그라뜨리시니

사람은 모두 한낱 입김일 따름입니다. 셀라

제 기도를 들으소서, 주님.

제 부르짖음에 귀 기울이소서.

제 울음에 잠자코 계시지 마소서.

저는 당신 집에 사는 이방인,

제 조상들처럼 거류민일 따름입니다.

제게서 눈을 돌리소서. 제가 떠나가 없어지기 전에

생기를 되찾으리이다."

시편 39:2-14

공지영의 생각

얼마나 힘들면 이렇게 말할까. 얼마나 주님과 친하도록 기도했으면, "차라리 내 남은 날 수를 가르쳐 달라."고 대어들까. 시편의 뛰어난 점은 아무리 생각해도 그 진솔함에 있다. 조금도 거짓 없이, 주님이 날, 남들이 날, 어찌 볼까 개의치 않고 사랑하는 이에게 전하는 절규들이 수천 년이 지나서도 매일 아침 나를 움직인다.

셰익스피어는 그의 걸작 『맥베드』의 절망에서 "인생은 한낱 그림자에 지나지 않고, 소리와 분노로 가득 차 있다."고 묘사했다.(여기서의 번역은 "인간은 한낱 그림자로 지나가는데 부질없이 소란만 피우며 쌓아 둡니다.") 윌리엄 포크너는 이것을 받아 『음향과 분노』를 썼고, 최근 노벨상을 받은 파트릭 모디아노도 "나는 한낱 그림자에 지나지 않았다"라는 구절로 유명한 『어두운 상점들의 거리』를 썼다. 시편은 읽으면 읽을수록 영감이 솟아나는 무궁한 문학적 대지이기도 하다.

11. 그리스도 찬가

성도들이 빛의 나라에서 받는 상속의 몫을 차지할 자격을 여러분에게 주신 아버지께 감사하는 것입니다.

아버지께서는 우리를 어둠의 권세에서 구해 내시어 당신께서 사랑하시는 아드님의 나라로 옮겨 주셨습니다.

이 아드님 안에서 우리는 속량을, 곧 죄의 용서를 받습니다.

그분은 보이지 않는 하느님의 모상이시며 모든 피조물의 맏이이십니다.

만물이 그분 안에서 창조되었기 때문입니다. 하늘에 있는 것이든 땅에 있는 것이든 보이는 것이든 보이지 않는 것이든 왕권이든 주권이든 권세든 권력이든 만물이 그분을 통하여 또 그분을 향하여 창조되었습니다.

그분께서는 만물에 앞서 계시고 만물은 그분 안에서 존속합니다.

그분은 또한 당신 몸인 교회의 머리이십니다. 그분은 시작이시며 죽은 이들 가운데에서 맏이이십니다. 그리하여 만물 가운데에서 으뜸이 되십니다.

과연 하느님께서는 기꺼이 그분 안에 온갖 충만함이 머무르게 하셨습니다.

그분 십자가의 피를 통하여 평화를 이룩하시어 땅에 있는 것이든 하늘에 있는 것이든 그분을 통하여 그분을 향하여 만물을 기꺼이 화해시키셨습니다.

콜로새 1:12-20

공지영의 생각

아니야, 아니야, 난 그런 사람이 아니야. 만나는 모든 사람에게 내 가슴을 열어 보이고 싶었다. 나를 안다는 이들조차 모두 등 돌리고 수군거렸고, 내편은 아무도 없었다. 두렵고…, 외로웠다. 내 속에서 들려오는 소리, '너는 죄인이야…' 내 가슴에 피가 흘러 내렸다.

12. 코라의 자손들

주님, 제 구원의 하느님

낮 동안 당신께 부르짖고

밤에도 당신 앞에 서 있습니다.

제 기도가 당신 앞까지 이르게 하소서.

제 울부짖음에 당신의 귀를 기울이소서.

제 영혼은 불행으로 가득 차고

제 목숨은 저승에 다다랐습니다.

저는 구렁으로 내려가는 이들과 함께 헤아려지고

기운이 다한 사람처럼 되었습니다.

저는 죽은 이들 사이에 버려져

마치 무덤에 누워 있는

살해된 자들과 같습니다.

당신께서 더 이상 기억하지 않으시어

당신의 손길에서 떨어져 나간 저들처럼 되었습니다.

당신께서 저를 깊은 구렁 속에,

어둡고 깊숙한 곳에 집어넣으셨습니다.

당신의 분노로 저를 내리누르시고

당신의 그 모든 파도로 저를 짓누르십니다. 셀라

당신께서 벗들을 제게서 멀어지게 하시고

저를 그들의 혐오거리로 만드셨으니
저는 갇힌 몸, 나갈 수도 없습니다.
제 눈은 고통으로 흐려졌습니다.
주님, 저는 온종일 당신을 부르며
당신께 제 두 손을 펴 듭니다.
죽은 이들에게 당신께서 기적을 이루시겠습니까?
그림자들이 당신을 찬송하러 일어서겠습니까? 셀라
무덤에서 당신의 자애가,
멸망의 나라에서 당신의 성실이 일컬어지겠습니까?
어둠에서 당신의 기적이,
망각의 나라에서 당신의 의로움이 알려지겠습니까?
그러나 주님, 저는 당신께 부르짖습니다.
아침에 저의 기도가 당신께 다다르게 하소서.
주님, 어찌하여 저를 버리십니까?
어찌하여 당신 얼굴을 제게서 감추십니까?
어려서부터 저는 가련하고 죽어 가는 몸
당신에 대한 무서움을 짊어진 채 어쩔 줄 몰라 합니다.
당신의 진노가 저를 휩쓸어 지나가고
당신에 대한 공포가 저를 부서뜨립니다.
그들이 날마다 물처럼 저를 에워싸고
저를 빙 둘러 가두었습니다.

당신께서 벗과 이웃을
제게서 멀어지게 하시어
어둠만이 저의 벗이 되었습니다.

시편 88:2-19

공지영의 생각

절박함은 공유될 수 없는 것. 다시는 돌아가고 싶지 않다. 어둠만이 벗이 되었던 때로.

13. 주님은 저의 피난처

하느님, 제 부르짖음을 들으소서.

제 기도를 귀여겨들어 주소서.

땅끝에서

기진한 마음으로

당신을 부릅니다.

저로서는 못 오를 바위 위로

저를 이끌어 주소서.

당신께서는 저에게 피신처,

원수 앞에서 굳건한 탑이 되셨습니다.

저는 당신의 천막 안에 길이 머물고

당신의 날개 그늘에 피신하고 싶습니다. 셀라

하느님, 당신께서 저의 서원들을 들으시어

당신 이름 경외하는 이들의 재산을 제게 주셨습니다.

임금의 날들에 날들을 보태시어

그의 햇수 여러 세대와 같게 하소서.

하느님 앞에서 그를 영원히 왕좌에 앉히시고

자애와 진실을 그에게 나누어 주시어

그를 수호하게 하소서.

그리하여 저는 당신 이름을 언제나 노래하오리다.

저의 서원들을 나날이 채우오리다.

시편 61:2-9

공지영의 생각

강한 자 위의 강한 자 신들의 신이시여, 넘어지는 담과 흔들리는 울타리 같이 나를 죽이
려는 자들에게서, 악을 행하는 자에게서, 피 흘리기를 즐기는 자에게서 주께로 피하나
이다. 제 기도를 귀여겨들으소서. 주님만이 저의 피난처, 굳건한 탑이십니다.

그랬다…. 세상이 날카로운 이빨을 드러내고 내 살점을 뜯으려고, 그 큰 아가리로 나를
삼키려 들 때 내가 몸을 숨길 곳은 오직 한 곳 그분의 날개 그늘, 그 아래뿐이었다.

14. 그들을 화살로 쏘시리니

하느님, 비탄 속에서 부르짖는 제 소리를 들으소서.
원수에 대한 두려움에서 제 생명을 지켜 주소서.
악한 자들의 음모에서,
나쁜 짓 하는 자들의 폭동에서 저를 숨겨 주소서.
그들은 칼처럼 혀를 벼리고
독한 말을 화살처럼 시위에 메겨
무죄한 이를 숨어서 쏘려 합니다.
느닷없이 그를 쏘고서는 두려워하지도 않습니다.
그들은 악한 일을 단단히 꾸며 내어
덫을 놓자 모의하고서는
누가 자기들을 보랴고 말해 댑니다.
불의한 것을 생각해 내고는 말합니다.
"우리는 준비가 다 됐다. 계획이 세워졌다."
사람의 속과 마음은
헤아리기 어렵습니다.
그러나 하느님께서 그들을 화살로 쏘시리니
그들은 순식간에 상처를 입으리라.
그분께서 그들을 자기네 혀로 망하게 하시리니
그들을 보는 이마다 머리를 흔들리라.

이에 모든 사람이 두려워하여
하느님께서 하신 일을 전하며
그분의 업적을 깨달으리라.
의인은 주님 안에서 기뻐하며 그분께 피신하고
마음 바른 이들은 모두 자랑스러워하리라.

시편 64:2-11

공지영의 생각

"우리의 지체 가운데에 들어앉아 온몸을 더럽히고 인생행로를 불태우며, 그 자체도 지옥 불로 타오르고 있는" 혀여, "아무도 길들일 수 없고 쉴 사이 없이 움직이는 악한" 혀여….

혀를 놀리는 자는 오라, 말에 칼을 달고 독을 바른 자는 와서 그대 말들의 입에 재갈을 물려라. 세 치 혀로 흥한 자, 세 치 혀로 망하리니….

15. 이스라엘의 부활 환시

그러므로 예언하여라. 그들에게 말하여라. 주 하느님이 이렇게 말한다. 나 이제 너희 무덤을 열겠다. 그리고 내 백성아, 너희를 그 무덤에서 끌어내어 이스라엘 땅으로 데려가겠다.

내 백성아, 내가 이렇게 너희 무덤을 열고, 그 무덤에서 너희를 끌어 올리면, 그제야 너희는 내가 주님임을 알게 될 것이다.

내가 너희 안에 내 영을 넣어 주어 너희를 살린 다음, 너희 땅으로 데려다 놓겠다. 그제야 너희는, 나 주님은 말하고 그대로 실천한다는 사실을 알게 될 것이다. 주님의 말이다.

에제키엘 37:12-14

공지영의 생각

하느님이 회복을 말씀하신다. 생명의 흔적은 눈곱만치도 없는 무덤 속, 죽은 존재와 같은 이스라엘 백성에게, 포로 생활에 찌든 백성에게 완전한 회복과 고토로의 귀환을 말씀하신다. 무덤을 열어, 그 무덤에서 끌어내어 이스라엘 땅으로 데려가겠다고.
말씀이 환청처럼 내 귀를 때린다. 마른 뼈들만이 뒹구는 곳, 희망이 끝나 버린 곳에 네가 있느냐. 내가 너를 그곳에서 끌어내겠다….

아아 주님, 우리에게는 답이 없습니다. 해답은 오직 하느님이십니다.

16. 곤경 속에서 주님을 불렀더니

곤경 속에서 내가 주님을 불렀더니
주님께서 응답하시고 나를 넓은 곳으로 이끄셨네.
주님께서 나를 위하시니 나는 두렵지 않네.
사람이 나에게 무엇을 할 수 있으랴?
주님은 나를 도우시는 분이시니
나를 미워하는 자들을 나는 내려다보리라.
주님께 피신함이 더 낫네,
사람을 믿기보다.
주님께 피신함이 더 낫네,
제후들을 믿기보다.
온갖 민족들이 나를 에워쌌어도
나는 주님의 이름으로 그들을 무찔렀네.
나를 에우고 또 에워쌌어도
나는 주님의 이름으로 그들을 무찔렀네.
벌떼처럼 나를 에워쌌어도
그들은 가시덤불의 불처럼 꺼지고
나는 주님의 이름으로 그들을 무찔렀네.
나를 쓰러뜨리려 그렇게 밀쳤어도
주님께서는 나를 도우셨네.

주님은 나의 힘, 나의 굳셈,
나에게 구원이 되어 주셨네.
의인들의 천막에서는
기쁨과 구원의 환호 소리 터지네.
"주님의 오른손이 위업을 이루셨다!
주님의 오른손이 드높이 들리시고
주님의 오른손이 위업을 이루셨다!"
나는 정녕 죽지 않고 살리라.
주님께서 하신 일을 선포하리라.
주님께서 나를 그토록 벌하셨어도
죽음에 내버리지는 않으셨네.

시편 118:5-18

공지영의 생각

가끔 사람들이 내게 묻는다. 당신에게 신은 누구입니까? 나는 대답한다.
"나의 바위 나의 성채 나의 힘이요. 나의 방패 나의 언덕 나의 사랑…,
그러니 이제 그분은 나의 모든 것이라 내가 말하면 좋겠습니다."

17. 삼손과 들릴라

이러한 일이 있고 난 뒤, 삼손은 소렉 골짜기에 사는 한 여자를 사랑하게 되었다.
그 여자의 이름은 들릴라였다.

필리스티아 제후들이 그 여자에게 올라가서 말하였다. "삼손을 구슬러 그의 그 큰
힘이 어디에서 나오는지, 우리가 어떻게 하면 그를 잡아 묶어서 꼼짝 못 하게 할
수 있는지 알아내어라. 그러면 우리가 저마다 너에게 은 천백 세켈씩 주겠다."

그리하여 들릴라가 삼손에게 물었다. "당신의 그 큰 힘이 어디에서 나오는지, 어떻
게 하면 당신을 묶어서 꼼짝 못 하게 할 수 있는지 말해 주세요."

이런 말로 들릴라가 날마다 들볶고 조르는 바람에, 삼손은 지겨워서 죽을 지경이
되었다.

그래서 삼손은 자기 속을 다 털어놓고 말았다. "내 머리는 면도칼을 대어 본 적이
없소. 나는 모태에서부터 하느님께 바쳐진 나지르인이기 때문이오. 내 머리털을 깎
아 버리면 내 힘이 빠져나가 버릴 것이오. 그러면 내가 약해져서 다른 사람처럼 된
다오."

들릴라는 삼손을 무릎에 뉘어 잠들게 하고 나서, 사람 하나를 불러 일곱 가닥으로
땋은 그의 머리털을 깎게 하였다. 그러자 삼손은 허약해지기 시작하더니, 힘이 빠
져나가 버렸다.

들릴라가 말하였다. "삼손, 필리스티아인들이 당신을 잡으러 와요." 삼손은 잠에서

깨어나, '지난번처럼 밖으로 나가 몸을 빼낼 수 있겠지.' 하고 생각하였다. 그는 주님께서 자기를 떠나셨다는 것을 알지 못하였다.

필리스티아인들은 그를 붙잡아 그의 눈을 후벼 낸 다음, 가자로 끌고 내려가서 청동 사슬로 묶어, 감옥에서 연자매를 돌리게 하였다.

그런데 그의 깎인 머리카락이 다시 자라기 시작하였다.

그때에 삼손이 주님께 부르짖었다. "주 하느님, 저를 기억해 주십시오. 이번 한 번만 저에게 다시 힘을 주십시오. 하느님, 이 한 번으로 필리스티아인들에게 저의 두 눈에 대한 복수를 하게 해 주십시오."

판관 16:4-6, 16-17, 19-22, 28

공지영의 생각

삼손을 읽으며 울게 될 줄 몰랐다. 연자방아를 돌리는 눈먼 삼손을 읽었을 때였다. 그러나 하느님의 섭리는 머리카락에 있었다. 힘의 원천이 눈이라면, 혹은 손이나 발이라면, 심장이라면 그것은 한번 사라진 후 다시 회복되지 못했으리라. 아아 멋지신 분은 그힘을 머리카락에 놓아두시어 실수로 잘려나간 뒤에도 너무도 자연스레 그것이 자라나게 하셨다.

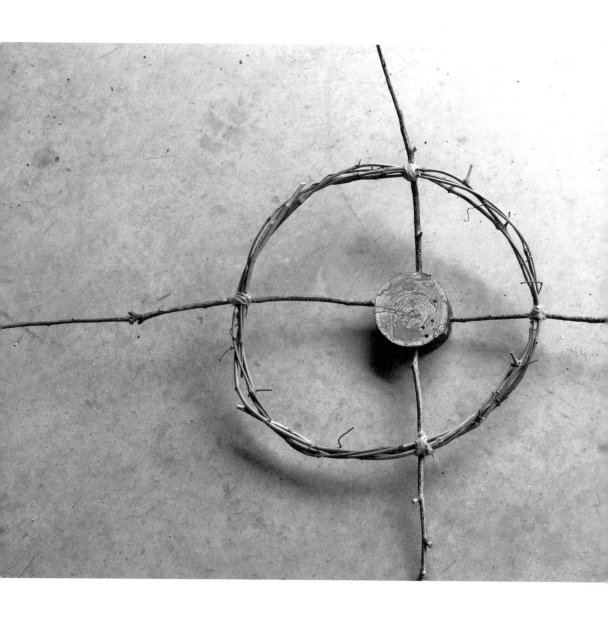

18. 제 눈이 야경꾼보다 먼저 깨어있음은

마음을 다하여 부르짖으니, 주님, 저에게 대답하소서.
당신의 법령을 따르오리다.
당신께 부르짖으니 저를 구하소서.
당신의 법을 지키오리다.
새벽부터 일어나 도움을 청하며
당신 말씀에 희망을 둡니다.
제 눈이 야경꾼보다 먼저 깨어 있음은
당신 말씀을 묵상하기 위함입니다.

시편 119:145-148

공지영의 생각

새벽부터 일어나 하느님께 청한다.
오늘도 저를 구하여 주십시오, 하고.

19. 주님 앞에서 환호하여라

주님께 노래하여라, 새로운 노래를.
그분께서 기적들을 일으키셨다.
그분의 오른손이, 그분의 거룩한 팔이
승리를 가져오셨다.
주님께서 민족들의 눈앞에
당신의 구원을 알리셨다.
당신의 정의를 드러내 보이셨다.
이스라엘 집안을 위하여
당신의 자애와 성실을 기억하셨다.
우리 하느님의 구원을
세상 끝들이 모두 보았다.
주님께 환성 올려라, 온 세상아.
즐거워하며 환호하여라, 찬미 노래 불러라.
비파와 함께 주님께 찬미 노래 불러라,
비파와 노랫가락과 함께.
나팔과 뿔 나발 소리와 함께
임금이신 주님 앞에서 환성 올려라.
바다와 그 안에 가득 찬 것들,
누리와 그 안에 사는 것들은 소리쳐라.

강들은 손뼉 치고
산들도 함께 환호하여라.
주님 앞에서 환호하여라.
세상을 다스리러 그분께서 오신다.
그분께서 누리를 의롭게,
백성들을 올바르게 다스리시리라.

시편 98:1-9

공지영의 생각

그날이 되면
강과 산과 들과 바다와 그 중의 모든 것들이 기뻐 환호하리라.
나무들이 팔 벌리고 꽃들이 고개 들어 웃고
새들이 전령이 되어 당신의 임재를 알리리라.
당신은
빛을 겉옷처럼 두르고 하늘을 차일처럼 펼치시고,
물 위에 거처를 두시고,
구름을 수레로 삼으시고 바람 날개 타고 다니시는 분,
바람을 사자로 삼으시고 타오르는 불을 시종으로 삼으시는 분.
그날이 오면
당신을 찬미하는 소리로 온 세상이 가득 차는
그날이 오면
나도 내 목소리로, 내 몸짓으로 당신을 찬미하리.
마라나 타!(주님, 오시옵소서)

20. 사랑은

사랑은 참고 기다립니다.

사랑은 친절합니다.

사랑은 시기하지 않고

뽐내지 않으며

교만하지 않습니다.

사랑은 무례하지 않고

자기 이익을 추구하지 않으며

성을 내지 않고

앙심을 품지 않습니다.

사랑은 불의에 기뻐하지 않고

진실을 두고 함께 기뻐합니다.

사랑은 모든 것을 덮어 주고

모든 것을 믿으며

모든 것을 바라고

모든 것을 견디어 냅니다.

코린토1 13:4-7

공지영의 생각

"악은 수많은 얼굴로 우리에게 다가옵니다. 우리가 사랑을 하려 할 때 그 모든 사랑을 무의미하게 느끼게 하는 모든 폭력, 모든 설득, 모든 수사는 악입니다. 너 한 사람이 무슨 소용이야, 네가 좀 애쓴다고 누가 바뀌겠어, 네가 사랑한들 아는 사람 하나 없어… 속삭이는 모든 것들을 경계해야 합니다. 이제 악은 다른 얼굴로 우리에게 달려듭니다. 소리 없는 풀모기처럼 우리를 각개 격파하러 옵니다. 그들이 우리에게 원하는 것은 단 한 가지입니다. 그것은 무의미입니다."(『높고 푸른 사다리』)

사랑의 반대말은 미움도 아니고 무관심도 아니고, 무의미이다.

21. 주님께서 우리에게 큰일을 하셨기에

주님께서 우리에게 큰일을 하셨기에
우리는 기뻐하였네.
주님, 저희의 운명을
네겝 땅 시냇물처럼 되돌리소서.
눈물로 씨 뿌리던 이들
환호하며 거두리라.
뿌릴 씨 들고
울며 가던 이
곡식 단 들고
환호하며 돌아오리라.

시편 126:3-6

공지영의 생각

이처럼 위로가 되는 말씀이 있을까.
하느님은 선언하신다.
"눈물로 씨 뿌리던 이들 환호하며 거두리라."
바짝 마른 네겝 강바닥이 비가 오면 시냇물로 차오르듯,
가난과 고통의 포로생활에서 언젠가 우리의 운명도 되돌릴 수 있으리.

희망이 막막한 어둠 속에서 떠오른다.

22. 깊은 곳에서 당신께 부르짖습니다

주님, 깊은 곳에서 당신께 부르짖습니다.

주님, 제 소리를 들으소서.

제가 애원하는 소리에

당신의 귀를 기울이소서.

주님, 당신께서 죄악을 살피신다면

주님, 누가 감당할 수 있겠습니까?

그러나 당신께는 용서가 있으니

사람들이 당신을 경외하리이다.

나 주님께 바라네.

내 영혼이 주님께 바라며

그분 말씀에 희망을 두네.

파수꾼들이 아침을 기다리기보다

파수꾼들이 아침을 기다리기보다

내 영혼이 주님을 더 기다리네.

이스라엘아, 주님을 고대하여라,

주님께는 자애가 있고

풍요로운 구원이 있으니.

바로 그분께서 이스라엘을

그 모든 죄악에서 구원하시리라.

시편 130:1-8

공지영의 생각

하느님이 심판만 하시는 분이라면 나는 과연 그분 앞에 설 수 있을까. 내밀한 죄, 마음에 품은 죄까지 살피시는 그분 앞에서 아마도 수천, 수만 번의 사형선고를 들었을 것이다. 비록 세상 법정에서 도둑놈, 사기꾼, 살인자의 낙인이 찍히지 않더라도 내 마음의 법은 날마다 나를 재판관 앞으로 끌고 간다. 나는 이미 마음속으로 수많은 사람들을 죽인 살인자이고, 음란한 여자이다.

그럼에도 이 아침, 주님을 바라며 바라는 것은 그분께 용서하심이 있음을, 자애와 구원이 그분께 있음을 아는 까닭이리라….

23. 새 하늘과 새 땅

… "보라, 이제 하느님의 거처는 사람들 가운데에 있다. 하느님께서 사람들과 함께 거처하시고 그들은 하느님의 백성이 될 것이다. 하느님 친히 그들의 하느님으로서 그들과 함께 계시고

그들의 눈에서 모든 눈물을 닦아 주실 것이다. 다시는 죽음이 없고 다시는 슬픔도 울부짖음도 괴로움도 없을 것이다. 이전 것들이 사라져 버렸기 때문이다."

요한묵시록 21:3-4

공지영의 생각

다시는 죽음이 없고 다시는 슬픔도 울부짖음도 괴로움도… 없을 것이다. 이전 것들이
사라져버렸기 때문이다, 라는 말이 푸르스름한 여명처럼 내 안에서 밝아온다.

24. 용서와 순종과 불순종

주님께서 말씀하신다. "오너라, 우리 시비를 가려보자. 너희의 죄가 진홍빛 같아도 눈같이 희어지고 다홍같이 붉어도 양털같이 되리라.

이사야 1:18

공지영의 생각

믿기지 않았다. 처음 회심했을 때 이 말은 내게 구원의 샘물과도 같았다. 정말요? 정말요? 몇 번을 끌어안아 물었다. 그리고 지금도 묻는다. "아빠, 오늘도요. 아직도요?"

25. 믿음에 따른 삶

… 예수 그리스도의 얼굴에 나타난 하느님의 영광을 알아보는 빛을 주셨습니다.

우리는 이 보물을 질그릇 속에 지니고 있습니다. 그 엄청난 힘은 하느님의 것으로, 우리에게서 나오는 힘이 아님을 보여 주시려는 것입니다.

우리는 온갖 환난을 겪어도 억눌리지 않고, 난관에 부딪혀도 절망하지 않으며, 박해를 받아도 버림받지 않고, 맞아 쓰러져도 멸망하지 않습니다.

우리는 언제나 예수님의 죽음을 몸에 짊어지고 다닙니다. 우리 몸에서 예수님의 생명도 드러나게 하려는 것입니다.

우리는 살아 있으면서도 늘 예수님 때문에 죽음에 넘겨집니다. 우리의 죽을 육신에서 예수님의 생명도 드러나게 하려는 것입니다.

그리하여 우리에게서는 죽음이 약동하고 여러분에게서는 생명이 약동합니다.

"나는 믿었다. 그러므로 말하였다."고 성경에 기록되어 있습니다. 이와 똑같은 믿음의 영을 우리도 지니고 있으므로 "우리는 믿습니다. 그러므로 말합니다."

주 예수님을 일으키신 분께서 우리도 예수님과 함께 일으키시어 여러분과 더불어 당신 앞에 세워 주시리라는 것을 알고 있기 때문입니다.

이 모든 것은 다 여러분을 위한 것입니다. 그리하여 은총이 점점 더 많은 사람에게 퍼져 나가 하느님의 영광을 위하여 감사하는 마음이 넘치게 하려는 것입니다.

그러므로 우리는 낙심하지 않습니다. 우리의 외적 인간은 쇠퇴해 가더라도 우리의 내적 인간은 나날이 새로워집니다.

우리가 지금 겪는 일시적이고 가벼운 환난이 그지없이 크고 영원한 영광을 우리에

코린토2 4:6-18

게 마련해 줍니다.

보이는 것이 아니라 보이지 않는 것을 우리가 바라보기 때문입니다. 보이는 것은 잠시뿐이지만 보이지 않는 것은 영원합니다.

코린토2 4:6-18

공지영의 생각

『어린 왕자』를 쓴 생텍쥐페리도 그의 책에서 말했다.
모든 중요한 것들은 보이지 않아….
보이지 않는 것을 보게 된 그날부터 나는 빛을 보았다.
내가 맹인인 줄도 모르고 살아온 날들을 부끄러워한다.

©공지영

26. 믿음으로 얻는 구원

… 나는 그리스도와 함께 십자가에 못 박혔습니다.

이제는 내가 사는 것이 아니라 그리스도께서 내 안에 사시는 것입니다. 내가 지금 육신 안에서 사는 것은, 나를 사랑하시고 나를 위하여 당신 자신을 바치신 하느님의 아드님에 대한 믿음으로 사는 것입니다.

나는 하느님의 은총을 헛되게 하지 않습니다. 그런데 율법을 통하여 의로움이 온다면 그리스도께서 헛되이 돌아가신 것입니다.

그러나 나는 우리 주 예수 그리스도의 십자가 외에는 어떠한 것도 자랑하고 싶지 않습니다. 그리스도의 십자가로 말미암아, 내 쪽에서 보면 세상이 십자가에 못 박혔고 세상 쪽에서 보면 내가 십자가에 못 박혔습니다.

갈라티아 2:19-21, 6:14

공지영의 생각

나는 나 자신을 십자가에 못 박았는가….
가만히 물어 본다. 과연 나는 내 생각을 좇고 있는가, 하느님 생각을 좇고 있는가.
이제 내 속에 사는 것은 그리스도이신가, 여전히 나 자신인가.

아아 십자가만이 나의 자랑이고 싶다.

27. 코헬렛의 말

허무로다, 허무! 코헬렛이 말한다. 허무로다, 허무! 모든 것이 허무로다!

태양 아래에서 애쓰는 모든 노고가 사람에게 무슨 보람이 있으랴?

한 세대가 가고 또 한 세대가 오지만 땅은 영원히 그대로다.

태양은 뜨고 지지만 떠올랐던 그곳으로 서둘러 간다.

남쪽으로 불다 북쪽으로 도는 바람은 돌고 돌며 가지만 제자리로 되돌아온다.

강물이 모두 바다로 흘러드는데 바다는 가득 차지 않는다. 강물은 흘러드는 그곳으로 계속 흘러든다.

온갖 말로 애써 말하지만 아무도 다 말하지 못한다. 눈은 보아도 만족하지 못하고 귀는 들어도 가득 차지 못한다.

있던 것은 다시 있을 것이고 이루어진 것은 다시 이루어질 것이니 태양 아래 새로운 것이란 없다.

코헬렛 1:2-9

공지영의 생각

50세가 넘어가던 어느날부터 세상만사가 몹시 허무해지기 시작했고 이 구절이 입 안에 뒹굴었다. 허무로다. 허무….
그러나 하느님 안에서 맛보는 허무는 세상이 주는 허무와는 분명 달랐다.
그것은 예수 그리스도 이외의 모든 것을 쓰레기로 여기라는…, 그런 허무.
그리하여 날마다 이 수많은 모래알들 속에서 반짝이는 금가루를 건져내게 하는 그런 허무.

28. 하느님의 사랑과 믿는 이들의 확신

무엇이 우리를 그리스도의 사랑에서 갈라놓을 수 있겠습니까? 환난입니까? 역경입니까? 박해입니까? 굶주림입니까? 헐벗음입니까? 위험입니까? 칼입니까?

그러나 우리는 우리를 사랑해 주신 분의 도움에 힘입어 이 모든 것을 이겨 내고도 남습니다.

로마 8:35, 37

공지영의 생각

그러나 나의 죄가…, 주님과 나를 가릅니다.

29. 겸손

젊은이 여러분, 여러분도 마찬가지로 원로들에게 복종하십시오. 여러분은 모두 겸손의 옷을 입고 서로 대하십시오. "하느님께서는 교만한 자들을 대적하시고 겸손한 이들에게는 은총을 베푸십니다."

그러므로 하느님의 강한 손 아래에서 자신을 낮추십시오. 때가 되면 그분께서 여러분을 높이실 것입니다.

여러분의 모든 걱정을 그분께 내맡기십시오. 그분께서 여러분을 돌보고 계십니다.

베드로1 5:5-7

공지영의 생각

평생을 앓던 내가, 사마리아의 여자 같고, 하혈 병에 걸린 여자 같았던, 벳자타 못 가에서 남들을 제치고 먼저 물에 뛰어들고 싶어 하는 병자 같고, 일곱 귀신 들린 여자 같았던 내가, 그런 내가 주제도 모르고 남을 가엾다고 생각했던 적이 있었다. 내가 얼마나 가여운 인간이었는지 다 잊어버리고.

이제 좀 안다고, 이제 신앙생활 좀 해보았다고 고개를 들고 있었던 것이다. 뭣도 모르는 내가….

30. 십자가 죽음에 이르기까지 순종하셨도다

오히려 당신 자신을 비우시어 종의 모습을 취하시고 사람들과 같이 되셨습니다. 이렇게 여느 사람처럼 나타나

당신 자신을 낮추시어 죽음에 이르기까지, 십자가 죽음에 이르기까지 순종하셨습니다.

그러므로 하느님께서도 그분을 드높이 올리시고 모든 이름 위에 뛰어난 이름을 그분께 주셨습니다.

그리하여 예수님의 이름 앞에 하늘과 땅 위와 땅 아래에 있는 자들이 다 무릎을 꿇고

예수 그리스도는 주님이시라고 모두 고백하며 하느님 아버지께 영광을 드리게 하셨습니다.

필리피 2:7-11

공지영의 생각

나도 죽음에 이르기까지 순종하고 싶었다. 하느님께 내 사랑을 증명하고 싶었다.

그러나 나는, 어쩌다 과도에 베인 살점에도 몸을 떨었고, 떨어진 피 한 방울에도 비명을
질렀다. 벌레만도 못한, 하면서도 그런 나의 살과 피가 아까웠다. 내 살, 내 피….

그뿐인가. 나는, 꿈속에서도 배신의 유혹에 헉헉댔고, 죽음 앞에 부들거렸다.
배교만이 이생에서의 삶을 지키는 수단이 될 때, 나는 과연 믿음을 지킬 수 있을까. 죽
음으로써 하느님께 내 사랑을 증명할 수 있을까.

내 믿음의 알량함이 부끄럽다.

©공지영

31. 하느님의 구원

"내 백성아, 들어라. 내가 말하노라.
이스라엘아, 나 너를 거슬러 증언하노라.
나는 하느님, 너의 하느님이다.
너의 제사 때문에 너를 벌하려는 것이 아니니
너의 번제야 늘 내 앞에 있다.
나는 네 집에 있는 수소도,
네 우리에 있는 숫염소도 받지 않는다.
숲 속의 모든 동물이며
수천 산들의 짐승이 내 것이기 때문이다.
나는 산의 새들을 모두 안다.
들에서 움직이는 생물들도 내게 속한 것들이다.
나 비록 배고프다 하여도 네게 말하지 않으리니
누리와 그를 채운 것들이 나의 것이기 때문이다.
내가 황소의 고기를 먹고
숫염소의 피를 마시기라도 한단 말이냐?
하느님에게 찬양 제물을 바치고
지극히 높으신 분에게 네 서원을 채워 드려라.
그리고 불행의 날에 나를 불러라.
나 너를 구하여 주고 너는 나를 공경하리라."

시편 50:7-23

악인에게는 하느님께서 이렇게 말씀하신다.

"너는 어찌하여 내 계명들을 늘어놓으며

내 계약을 네 입에 올리느냐?

훈계를 싫어하고

내 말을 뒤로 팽개치는 너이거늘.

너는 도둑을 보면 함께 뛰고

간음하는 자들과 한패가 된다.

너는 입을 놀려 악행을 저지르고

네 입술은 간계를 엮는다.

너는 앉아서 네 형제를 거슬러 말하고

네 어머니의 아들에게 모욕을 준다.

네가 이런 짓들을 해 왔어도 잠잠히 있었더니

내가 너와 똑같은 줄로 여기는구나.

나 너를 벌하리라. 네 눈앞에 네 행실을 펼쳐 놓으리라.

이를 알아들어라, 하느님을 잊은 자들아.

그러지 않으면 내가 잡아 찢어도 구해 줄 자 없으리라.

찬양 제물을 바치는 이가 나를 공경하는 사람이니

올바른 길을 걷는 이에게 하느님의 구원을 보여 주리라."

시편 50:7-23

공지영의 생각

미사를 빠지거나 늘 하기로 한 기도를 하지 않거나 할 때
이 구절은 귀찮게도 나를 따라다닌다.

"너는 어찌하여 내 계명들을 늘어놓으며
내 계약을 네 입에 올리느냐?
훈계를 싫어하고
내 말을 뒤로 팽개치는 너이거늘."
잊어버리려 해도 또록또록 떠오르는 에엣 귀찮은 이 구절들….

32. 깨어 있음

정신을 차리고 깨어 있도록 하십시오.

여러분의 적대자 악마가 으르렁거리는 사자처럼 누구를 삼킬까 하고 찾아 돌아다닙니다.

여러분은 믿음을 굳건히 하여 악마에게 대항하십시오.

여러분도 알다시피, 온 세상에 퍼져 있는 여러분의 형제들도 같은 고난을 당하고 있습니다.

여러분이 잠시 고난을 겪고 나면,

모든 은총의 하느님께서, 곧 그리스도 예수님 안에서 당신의 영원한 영광에 참여하도록 여러분을 불러 주신 그분께서 몸소 여러분을 온전하게 하시고 굳세게 하시며 든든하게 하시고 굳건히 세워 주실 것입니다.

그분의 권능은 영원합니다. 아멘.

베드로1 5:8-11

베드로1 5:8-11

공지영의 생각

세상과 싸울 때, 내 자신과 싸울 때 나는 언제나 쉬운 먹잇감이었다. 기대하지는 않았다. 칼날을 세우고 내 생을 할퀴려 덤벼드는 그들을 이길 수 있으리라고는. 그저 깊은 생채기 하나쯤은 긁어놓고 싶었다. 세게 귀싸대기 한 대쯤은 올려주고 싶었다.

악에 받쳐 버둥댈수록 그들의 좋은 먹잇감이었음을 아는 것은 언제나 뒤늦었다. 원망, 미움, 시기, 질투의 칼날을 벼릴 때마다 저 잘난 체하고 맞서고 뻗댈수록 그러한 것들은 삼십 배, 육십 배, 백 배의 무게로 다가와 나를 공격했다. 게다가 절망과 낙심의 늪까지 나를 향해 입을 벌렸다.

주여 저를 굳세게 하소서…. 나는 살아남았고, 그 사냥터에서 나를 지켜주는 건 언제나 믿음의 자리, 기도의 무릎이었다.

33. 영혼은 죽일 수 없나니

육신은 죽여도 영혼은 죽이지 못하는 자들을 두려워하지 마라.

마태오 10:28

공지영의 생각

네, 주님.